Moni der Geißbub

AF530183

Johanna Spyri

Alpha Editions

This edition published in 2022

ISBN : 9789356903784

Design and Setting By
Alpha Editions
www.alphaedis.com
Email - info@alphaedis.com

Contents

1. Kapitel

Der Moni fühlt sich wohl

Um zu dem Badehaus Fideris zu gelangen, muß man steil und lang die Höhe hinaufsteigen, nachdem man die Straße verlassen hat, die sich durch das lange Tal des Prättigau nach oben schlängelt. So mühsam keuchen dann die Pferde den Berg hinauf, daß man lieber aussteigt und zu Fuß die grüne Höhe erreicht.

Nach einem längeren Anstieg kommt man erst zum Dorf Fideris, das auf der freundlichen, grünen Anhöhe liegt. Von da geht es weiter in die Berge hinein, bis das einsame Gebäude des Badeortes auftaucht, überall von felsigen Höhen umgeben. Dort oben wachsen nur noch Tannen, die die Höhen und Felsen ringsum bedecken. Es sähe alles ziemlich düster aus, wenn nicht überall aus dem niederen Weidegras die schönen Bergblümchen mit ihren glänzenden Farben hervorguckten.

An einem hellen Sommerabend traten zwei Damen aus dem Badehaus und gingen auf dem schmalen Fußweg dahin, der unweit des Hauses beginnt und bald sehr steil bis zu den hoch anfragenden Felsen hinaufsteigt. An dem ersten Vorsprung blieben sie stehen und schauten um sich, denn sie waren eben erst in dem Bad angekommen.

"Lustig ist's nicht hier oben, Tante", sagte jetzt die Jüngere, indem sie die Landschaft betrachtete. "Lauter Felsen und Tannenwälder und dann wieder ein Berg und noch einmal Tannen darauf. Wenn wir sechs Wochen hier bleiben sollen, dann wollte ich, es wäre hier und da auch noch etwas Lustigeres zu sehen."

"Lustig wird's jedenfalls nicht sein, wenn du hier oben dein Brillantenkreuz verlierst, Paula", entgegnete die Tante, während sie das rote Samtband zusammenknüpfte, an dem das funkelnde Kreuz hing. "Es ist das drittemal, daß ich das Band festmache, seit wir angekommen sind. Ich weiß nicht, wo es fehlt, ob an dir oder an dem Band, aber das weiß ich, daß du jammern wirst, wenn es verloren ist."

"Nein, nein", rief Paula lebhaft aus, "das Kreuz darf nicht verlorengehen, um keinen Preis, es ist noch von der Großmutter und ist mein größter Schatz!"

Paula ergriff selbst noch das Band und machte zwei, drei Knoten hinein, damit es festhalte. Plötzlich spitzte sie die Ohren. "Hör, hör, Tante, jetzt kommt aber wirklich etwas Lustiges."

Hoch oben erscholl ein fröhlicher Gesang. Zwischendurch kam ein langer, schallender Jodler, dann wurde wieder gesungen. Die Damen schauten aufwärts, konnten aber nichts Lebendiges entdecken. Der Fußweg ging in großen Serpentinen, oft zwischen hohem Gebüsch und wieder zwischen vorstehenden Bergabhängen durch, so daß man von unten immer nur kurze Stückchen davon erblicken konnte. Aber jetzt wurde es plötzlich lebendig auf dem Pfad, oben und unten, auf allen Stellen, wo der schmale Weg gesehen werden konnte, und immer lauter und näher tönte der Gesang.

"Sieh, sieh, Tante, dort! Hier! Sieh da! Sieh da!" rief Paula mit großem Vergnügen. Und ehe die Tante sich's versah, kamen drei, vier Geißen in Sprüngen daher und immer mehr, immer mehr, und jede hatte ein Glöcklein am Hals. Die läuteten von allen Seiten her, und mitten in einem Rudel kam der Geißbub herabgesprungen und sang eben noch sein Lied zu Ende:

"Und im Winter bleib ich fröhlich,
Weil's Weinen nichts nützt,
Und weil ihm sowieso der Frühling
Auf den Fersen schon sitzt."

Dann ließ er einen ungeheuren Jodel erschallen. Und auf einmal stand er mit seinem Rudel dicht vor den Damen, denn mit seinen nackten Füßen sprang er genauso flink und leise wie seine Tierchen.

"Guten Abend wünsche ich", sagte er, indem er die beiden lustig anschaute, und wollte weiterziehen. Aber der Geißbub mit den fröhlichen Augen gefiel den Damen. "Wart ein wenig", sagte Paula, "bist du der Geißbub von Fideris? Hast du Geißen aus dem Dorf unten?"

"Ja natürlich", war die Antwort.

"Gehst du alle Tage mit ihnen da hinauf?"

"Ja freilich."

"So, so, und wie heißt du denn?"

"Moni heiße ich."

"Willst du mir auch das Lied einmal singen, das du eben gesungen hast? Wir haben erst einen Vers gehört."

"Das ist zu lang", erklärte Moni, "es wird zu spät für die Geißen, sie müssen heim." Er rückte sein altes Hütchen zurecht, schwang seine Rute in der Luft und rief den Geißen zu, die schon überall zu nagen angefangen hatten: "Heim! Heim!"

"So singst du mir's doch ein andermal, Moni, nicht wahr?" rief ihm Paula nach.

"Ja, das will ich und gute Nacht!" rief er zurück, setzte sich nun mit den Geißen in Trab, und in kurzer Zeit stand die ganze Herde unten, wenige Schritte vom Badehaus bei dem Hintergebäude still. Denn hier hatte Moni die Geißen, die zum Haus gehörten, die schöne weiße und die schwarze mit dem zierlichen Zicklein abzugeben. Moni behandelte letzteres mit größter Sorgfalt, denn es war ein zartes Tierchen, und er liebte es von allen am meisten. Es war auch so anhänglich, daß es ihm den ganzen Tag immer nachlief. Er zog es auch jetzt ganz zärtlich zu sich und stellte es in seinen Stall hinein. Dann sagte er: "So, Mäggerli, nun schlaf gut, du bist müde. Es ist sehr weit bis dort hinauf, und du bist noch so klein. Leg dich jetzt nur gleich hin, siehst du, so in das gute Stroh hinein."

Nachdem er so das Mäggerli zur Ruhe gebettet hatte, zog er eilig weiter mit seiner Schar, erst vor dem Badehaus den Hügel hinauf und dann die Straße hinunter dem Dorf zu. Hier nahm er sein Hörnchen vor den Mund und blies so gewaltig hinein, daß es dröhnte bis weit ins Tal hinab. Von allen verstreuten Höfen her kamen jetzt die Kinder gelaufen, jedes stürzte auf seine Geiß, die es aus der Ferne schon kannte. Und von den nahen Häusern her kam hier eine Frau und dort eine, faßte ihr Geißlein am Strick oder am Horn, und in kurzer Zeit war die ganze Herde auseinandergestoben, und jedes Tierlein kam an seinen Ort. Zuletzt stand der Moni noch allein mit der Braunen, seiner eigenen Geiß, und mit ihr ging er zu dem Häuschen am Bergabhang, wo schon die Großmutter ihn in der Tür erwartete.

"Ist alles gut gegangen, Moni?" fragte sie freundlich, führte dann die Braune in den Stall und fing gleich an, sie zu melken. Die Großmutter war noch eine rüstige Frau und besorgte alles selbst im Haus und im Stall und hielt überall Ordnung. Moni stand in der Stalltür und schaute der Großmutter zu. Als das Melken beendet war, trat sie ins Häuschen und sagte: "Komm, Moni, du wirst Hunger haben."

Sie hatte auch schon alles hergerichtet. Moni konnte sich sofort an den Tisch setzen. Sie nahm neben ihm Platz. Obwohl es nur eine Schüssel voll Maisbrei mit der Milch der Braunen gab, so ließ sich's Moni doch herrlich schmecken. Dabei erzählte er der Großmutter, was er den Tag über erlebt hatte, und sobald er sein Mahl beendet hatte, zog er sich auf sein Lager zurück, denn er mußte sich ja früh am Morgen wieder mit der Herde auf den Weg machen.

Auf diese Weise hatte Moni schon zwei Sommer verbracht, so lange schon war er Geißbub. Er war jetzt so an dieses Leben gewöhnt und mit seinen Tierchen verbunden, daß er sich's gar nicht anders denken konnte. Mit seiner Großmutter lebte Moni zusammen, solange er sich besinnen konnte. Seine Mutter war gestorben, als er noch ganz klein war. Sein Vater zog bald danach mit anderen zum Kriegsdienst nach Neapel, um etwas zu verdienen, denn er meinte, das gehe dort schneller.

Die Mutter seiner Frau war auch arm, aber sie nahm auf der Stelle das verlassene Büblein ihrer Tochter, den kleinen Salomon, zu sich und teilte mit ihm, was sie hatte. Es lag auch ein Segen auf ihrem Häuschen, und noch nie hatte sie Not leiden müssen.

Die brave, alte Elsbeth war auch im ganzen Dorf beliebt, und als vor zwei Jahren ein anderer Geißbub ausgewählt wurde, da fielen alle Stimmen einstimmig auf den Moni. Denn jeder gönnte es der arbeitsamen Elsbeth, daß nun Moni auch etwas verdienen konnte. Die fromme Großmutter hatte den Moni keinen Morgen weggehen lassen, ohne daß sie ihm sagte: "Moni, vergiß nicht, wie nah du dort oben dem lieben Gott bist und daß er alles sieht und hört. Du kannst vor seinen Augen nichts verbergen. Aber vergiß auch nicht, daß er in deiner Nähe ist, um dir zu helfen. Daher mußt du dich nie fürchten, und wenn du dort oben keine Menschen herbeirufen kannst, rufe du nur zum lieben Gott in der Not, er hört dich gleich und kommt dir zur Hilfe."

So zog Moni von Anfang an voller Zuversicht auf die einsamen Höhen und die höchsten Felsen und hatte nie die leiseste Furcht noch Schrecken, denn er dachte immer: Je höher hinauf, desto näher bin ich beim lieben Gott und desto sicherer in allem, was mir begegnen kann. So hatte Moni weder Sorge noch Kummer und konnte sich freuen an allem, was er erlebte vom Morgen bis zum Abend. Und es war kein Wunder, daß er immer pfiff und sang und jodelte, denn er mußte seiner großen Fröhlichkeit Luft machen.

2. Kapitel

Monis Leben auf dem Berg

Am folgenden Morgen erwachte Paula so früh wie sonst nie, ein lauter Gesang hatte sie aus dem Schlaf geweckt. "Da ist gewiß schon der Geißbub", sagte sie, sprang aus dem Bett und lief ans Fenster.

Richtig, mit frischen, roten Backen stand der Moni im Hof und hatte eben die alte Geiß und das Zicklein aus dem Stall geholt. Jetzt schwang er seine Rute in der Luft, die Geißen hüpften und sprangen um ihn herum, und nun ging's vorwärts mit der ganzen Schar. Und plötzlich erhob Moni seine Stimme wieder und sang, daß es von den Bergen widerhallte:

"Dort droben in den Tannen
Singen die Vögel im Chor,
Und hat's eine Weile geregnet,
Kommt die Sonne wieder vor."

"Heute muß er mir einmal sein ganzes Lied singen", sagte Paula, denn jetzt war Moni verschwunden, und sie konnte seinen fernen Gesang nicht mehr verstehen.

Am Himmel zogen noch die roten Morgenwolken dahin, und ein frischer Bergwind rauschte dem Moni um die Ohren, als er berganstieg. Das war ihm gerade recht. Vor Wohlbehagen jodelte er vom ersten Bergvorsprung so gewaltig ins Tal hinab, daß mancher Schläfer unten im Badehaus erstaunt die Augen aufschlug. Er machte sie aber gleich wieder zu, denn er kannte den Ton und wußte, daß er nun noch ein Stündchen Schlaf zugeben konnte, denn der Geißbub kam immer so früh. Inzwischen kletterte Moni mit seinen Geißen eine Stunde lang weiter und weiter hinauf, bis hoch zu den Felsen.

Immer weiter und immer schöner war es um den Moni geworden, je höher er hinaufkam. Von Zeit zu Zeit guckte er um sich, dann schaute er zu dem hellen Himmel auf, der nun immer blauer wurde. Dann fing er aus vollem Hals zu singen an, immer lauter und immer fröhlicher, je höher er kam:

Dort droben in den Tannen
Singen die Vögel im Chor,
Und hat's eine Weile geregnet,
Kommt die Sonne wieder vor.

Und die Sonne und die Sterne
Und den Mond bei der Nacht,
Die hat der liebe Gott uns
Zur Freude gemacht.

Im Frühling gibt's Blumen,
Die sind gelb und sind rot,
Und so blau ist der Himmel,
Und ich freu mich fast zu Tod.

Und im Sommer gibt's Beeren,
Und geht's gut, so gibt's viel,
Und die roten und die schwarzen,
Eß ich alle vom Stiel.

Hat's im Hag wieder Nüsse,
So weiß ich wie's tut,
Wo die Geißen gern nagen,
Sind die Kräutlein auch gut.

Und im Winter bin ich fröhlich,
Weil's Weinen nichts nützt,
Und weil ihm sowieso der Frühling,
Auf den Fersen schon sitzt.

Jetzt war die Anhöhe erreicht, wo er gewöhnlich blieb und sich auch heute ausruhen wollte. Das war eine kleine, grüne Hochebene mit einem so weiten Vorsprung, daß man von dem freien Punkt ringsumher und weiter, weit ins Tal hinabsehen konnte. Dieser Vorsprung hieß die Felsenkanzel, und hier konnte Moni oft stundenlang verweilen und um sich schauen und vor sich hin pfeifen, während seine Tierlein ganz gemütlich ihre Kräuter suchten.

Sobald Moni angekommen war, nahm er seinen kleinen Proviantsack vom Rücken und legte ihn in eine kleine Höhle des Bodens, die er selbst dafür gegraben hatte. Dann trat er auf die Felsenkanzel hinaus und warf sich auf den Boden, um sich einmal so recht wohl sein zu lassen.

Der Himmel war jetzt dunkelblau geworden. Drüben waren die hohen Berge mit den in den Himmel ragenden Zacken und großen Eisfeldern zum Vorschein gekommen, und unten leuchtete weithin das grüne Tal im Morgenglanz. Moni lag da, schaute umher, sang und pfiff. Der Bergwind kühlte ihm das warme Gesicht, und hörte er einmal zu pfeifen auf, so pfiffen die Vögel über ihm noch viel lustiger und flogen in den blauen Himmel hinauf. Der Moni fühlte sich unbeschreiblich wohl. Von Zeit zu Zeit kam das Mäggerli zu ihm und strich ein wenig mit seinem Kopf über Monis Schulter, wie die Geiß es immer tat. Dann meckerte es ganz liebevoll, ging auf die andere Seite von Moni und strich wieder den Kopf über seine Schulter. Auch von den anderen Geißen kam bald diese, bald jene, um nach dem Hirten zu sehen, und jede hatte ihre eigene Weise, ihm ihre Zärtlichkeit zu zeigen.

Die Braune, seine eigene Geiß, kam zu ihm und schaute nach, ob auch alles mit ihm in Ordnung sei. Sie stand dann da und schaute ihn an, bis er sagte: "Ja, ja, Braunli, es ist schon recht, geh nur wieder zum Futter." Eine Geiß hieß die Schwalbe, weil sie so schmal und flink war und überall hineinschoß, wie die Schwalben in ihre Löcher. Sie sprang so ungestüm auf den Moni los, daß sie ihn wohl umgeworfen hätte, wäre er nicht schon auf dem Boden gelegen. Gleich darauf lief sie wieder davon.

Die glänzende Schwarze, die Geiß des Wirts im Badehaus, Mäggerlis Mutter, war ein wenig stolz. Sie kam nur auf ein paar Schritte Entfernung heran, schaute mit erhobenem Kopf zu dem Moni hin, als wollte sie sich nicht zu vertraulich zeigen und ging dann wieder ihrer Wege. Der große Sultan aber, der Bock, zeigte sich immer nur einmal und drückte dann alle weg, die er in Monis Nähe traf. Dann meckerte er einigemale so bedeutungsvoll, als habe er Mitteilungen abzugeben über den Zustand der Herde, als deren Anführer er sich fühlte.

Nur das kleine Mäggerli ließ sich niemals von seinem Beschützer verdrängen. Wenn der Bock kam und wollte es wegdrücken, so kroch es so tief unter Monis Arm oder Kopf, daß der große Sultan nicht wagte, näher zu kommen. Unter Monis Schutz fürchtete sich das Zicklein auch kein bißchen mehr vor dem Sultan, vor dem es sonst erzitterte, wenn es in seine Nähe kam.

So war der sonnige Morgen vergangen. Moni hatte schon sein Mittagessen verzehrt und stand nun nachdenklich auf seinen Stecken gestützt, den er hier oben öfters brauchte. Denn er war ihm beim Auf- und Abstieg eine große Hilfe. Er dachte nach, ob er eine neue Seite der Felsen besteigen wollte. Denn an diesem Nachmittag wollte er mit den Geißen höher hinauf, die Frage war nur, nach welcher Seite? Er entschied sich für die linke, denn dort ging es zu den drei Drachensteinen, um die herum so zartes Buschwerk wuchs, daß es ein wahres Festessen für die Geißen war.

Der Weg war steil, und oben waren gefährliche Stellen an der schroffen Felswand, aber er wußte einen sicheren Weg. Und die Geißen waren ja vernünftig und verliefen sich nicht so leicht. Er ging bergauf, und lustig kletterten ihm alle seine Geißen nach. Sie waren bald vor, bald hinter ihm, das kleine Mäggerli blieb immer ganz in seiner Nähe. Manchmal hielt er es fest und zog es mit sich, wenn eine steile Stelle kam. Es ging aber alles gut, und nun waren sie oben, und mit hohen Sprüngen rannten die Geißen zu den grünen Büschen hin, denn sie erkannten das gute Futter, das sie schon öfter hier oben abgenagt hatten.

"Nur zahm! Nur zahm!" mahnte Moni, "und stoßt einander nicht an den steilen Stellen, es könnte leicht eines abstürzen und hätte die Beine gebrochen. Schwalbe! Schwalbe! Was kommt denn dir in den Sinn?" rief er jetzt voller Aufregung. Denn die flinke Geiß war über die hohen

Drachensteine hinaufgeklettert, stand jetzt auf dem äußersten Rand des einen Steins und guckte von da ganz vorwitzig auf ihn herunter. Er kletterte eilig hinauf, denn nur noch ein einziger Tritt, und die Schwalbe lag unten im Abgrund. Moni war sehr behend, in wenigen Minuten hatte er den Stein erklettert und mit einem schnellen Griff die Schwalbe am Bein erfaßt und zurückgezogen. "Komm du jetzt mit mir, du unvernünftiges Tierlein du", schalt Moni und zog die Schwalbe mit sich herunter zu den anderen. Er hielt sie noch ein Weilchen fest, bis sie nicht mehr ans Fortlaufen dachte.

"Wo ist das Mäggerli?" schrie Moni plötzlich auf, der die Schwarze erblickte, wie sie allein an einer steilen Stelle stand und nichts fraß, sondern ruhig umherschaute. Immer war das junge Geißlein neben Moni, oder es lief seiner Mutter nach.

"Wo hast du dein Zicklein, Schwarze?" rief er erschrocken und sprang auf die Geiß zu. Sie war ganz sonderbar, fraß nicht, blieb immer auf demselben Platz stehen und spitzte verdächtig die Ohren. Moni stellte sich dicht neben sie und schaute hinauf und hinab. Jetzt hörte er ein leises, jammerndes Meckern. Das war Mäggerlis Stimme, sie kam von unten herauf, so kläglich und hilfeflehend. Moni legte sich auf den Boden und beugte sich vor. Dort unten bewegte sich etwas. Jetzt sah er's deutlich, tief unten hing das Mäggerli an einem Ast, der aus dem Felsen herauskam, und winselte zum Erbarmen. Es mußte hinuntergefallen sein.

Glücklicherweise hatte der Ast es aufgehalten, sonst hätte es in den Abgrund stürzen müssen. Aber auch noch jetzt, wenn es sich nicht mehr an dem Ast festhalten konnte, mußte es auf der Stelle in die Tiefe stürzen und sich das Genick brechen. In höchster Angst rief er hinunter: "Halt fest, Mäggerli, halt fest am Ast! Sieh, ich komme schon und hole dich!" Aber wie sollte er dahin gelangen? Die Felswand war so steil hier, unmöglich konnte er da hinunterkommen, das sah Moni wohl ein. Aber das Geißlein mußte da unten etwa in der Höhe vom Regenfelsen sein, dem überhängenden Gestein, unter das man sich beim Regen so gut flüchten konnte. Dort brachten die Geißbuben schon immer ihre Tage bei schlechtem Wetter zu, darum hieß das Gestein schon von alter Zeit her der Regenfelsen. Von da aus, dachte Moni, konnte er quer über den Felsen klettern und so mit dem Zicklein zurückkommen.

Schnell pfiff er die Herde zusammen und stieg mit ihr hinunter, bis zu der Stelle, wo es zum Regenfelsen hineinging. Da ließ er sie weiden und ging dem Felsen zu. Hier sah er auch gleich, noch ein gutes Stück über sich, den Ast, an den sich das Geißlein klammerte. Er sah, daß es nicht leicht sei, da hinaufzuklettern und mit dem Mäggerli auf dem Rücken wieder hinunter. Aber anders war das Tierlein nicht zu retten. Er dachte auch, der liebe Gott würde ihm gewiß beistehen, dann könnte es ihm gelingen. Er faltete seine

Hände, schaute zum Himmel auf und betete: "Ach lieber Gott, hilf mir doch, daß ich das Mäggerli erretten kann!" Jetzt war er voller Vertrauen, daß alles gutgehen werde, und eilig kletterte er den Felsen hinauf, bis er bei dem Ast oben angelangt war. Hier klammerte er sich fest an mit beiden Füßen, hob dann das zitternde, wimmernde Tierlein auf seine Schultern und kletterte nun mit großer Sorgfalt hinunter. Als er aber nun wieder den sicheren Grasboden unter den Füßen hatte und das erschrockene Geißlein gerettet sah, da war er so froh, daß er laut danken mußte und in den Himmel hinaufrief: "O lieber Gott, ich danke dir tausendmal, daß du uns so geholfen hast! O wie sind wir beide so froh darüber!" Dann setzte er sich noch ein wenig auf den Boden und streichelte das Zicklein, das immer noch an allen seinen zarten Gliedern zitterte, und tröstete es über die ausgestandene Angst.

Als wenig später Zeit zum Aufbruch war, setzte Moni das Zicklein noch einmal auf seine Schultern und sagte fürsorglich: "Komm, du armes Mäggerli, du zitterst ja immer noch. Heute kannst du nicht heimgehen, ich muß dich tragen." Und so trug er das Tierlein, das sich fest an ihn schmiegte, den ganzen Weg hinunter.

Paula stand jetzt auf der letzten Anhöhe vor dem Badehaus und erwartete den Geißbuben. Auch ihre Tante hatte sie begleitet. Als nun Moni mit seiner Last auf dem Rücken herankam, wollte Paula wissen, ob das Zicklein krank sei, und zeigte große Teilnahme. Als Moni das sah, setzte er sich gleich auf den Boden vor Paula hin und erzählte ihr sein heutiges Erlebnis mit dem Mäggerli.

Das Fräulein nahm sehr lebhaften Anteil an der Sache und streichelte das gerettete Tierlein. Jetzt lag es ruhig auf Monis Knien und sah sehr zierlich aus mit seinen weißen Füßen und dem schönen schwarzen Pelzchen über dem Rücken. Es ließ sich ganz gern ein wenig streicheln.

"Jetzt singst du mir auch noch dein Lied, wenn du schon einmal hier bist", sagte Paula. Moni war so fröhlich gestimmt, daß er gern aus voller Brust anstimmte und sein ganzes Lied bis zu Ende sang.

Das gefiel der Paula ausnehmend gut, und sie sagte, er müsse es ihr noch öfter singen. Dann zog die ganze Gesellschaft zusammen zum Badehaus hinunter. Hier wurde das Zicklein auf sein Lager gelegt, und Moni nahm Abschied. Paula ging in ihr Zimmer zurück, um hier der Tante noch lange von dem Geißbuben zu erzählen, auf dessen fröhlichen Morgengesang sie sich schon jetzt wieder freute.

3. Kapitel

Ein Besuch

So waren mehrere Tage vergangen, einer so sonnig und klar wie der andere, denn es war ein besonders schöner Sommer. Und der Himmel blieb blau und wolkenlos vom Morgen bis zum Abend.

Jeden Morgen in der Frühe war der Geißbub mit hellem Gesang am Badehaus vorbeigezogen, jeden Abend mit hellem Gesang wieder zurückgekehrt. Und alle Badegäste waren so an das fröhliche Singen gewöhnt, daß keiner es hätte missen mögen.

Vor allen aber freute sich Paula an Monis Fröhlichkeit und ging ihm fast jeden Abend entgegen, um ein Gespräch mit ihm anzuknüpfen.

An einem sonnigen Morgen war Moni wieder oben bei der Felsenkanzel angelangt und wollte sich eben auf den Boden setzen, als er sich noch anders besann. "Nein, vorwärts! Ihr habt ja das letztemal die guten Blättlein alle stehenlassen müssen, weil wir dem Mäggerli helfen mußten, jetzt geht's noch einmal hinauf, da könnt ihr fertig nagen!" Und mit Freuden sprangen ihm die Geißen alle nach, denn sie merkten, daß es zu den schönen Büschen an den Drachensteinen hinauf ging. Diesmal hielt Moni aber sein kleines Mäggerli die ganze Zeit im Arm fest, riß ihm die guten Blättlein selber ab und ließ es aus seiner Hand fressen. Das gefiel dem Geißlein am allerbesten, es rieb ganz vergnügt von Zeit zu Zeit sein Köpfchen an Monis Schulter und meckerte fröhlich. So war der ganze Morgen vergangen und Moni merkte erst an seinem Hunger, daß es spät geworden war. Er hatte aber sein Essen unten bei der Felsenkanzel in der kleinen Höhle hegen lassen, da er mittags wieder hinunter kommen wollte.

"So, ihr habt nun schon viel Gutes bekommen, und ich habe noch gar nichts", sagte er zu seinen Geißen. "Jetzt muß ich auch etwas haben und unten findet ihr noch genug, kommt!" Dann pfiff er laut, und die ganze Schar zog auf und davon, die lebhaftesten immer voran und allen voraus die leichtfüßige Schwalbe, der heute etwas Unerwartetes begegnen sollte. Sie sprang hinunter von Stein zu Stein und über manche Felsspalte weg, aber auf einmal konnte sie nicht weiter.

Unmittelbar vor ihr stand ganz plötzlich eine Gemse und schaute ihr neugierig ins Gesicht. Das war der Schwalbe noch nicht vorgekommen. Sie stand da, schaute die Fremde fragend an und wartete, daß ihr diese aus dem Weg gehe. Denn sie wollte auf den Felsblock springen, der vor ihr aufragte. Aber die Gemse rührte sich nicht und schaute der Schwalbe frech ins Gesicht. So standen beide voreinander, immer hartnäckiger, und noch heute würden sie dort stehen, wenn nicht inzwischen der große Sultan herbeigekommen wäre. Sofort erkannte er die Sachlage und kletterte vorsichtig an der Schwalbe vorbei. Plötzlich stieß er die Gemse so weit und so gewaltig auf die Seite, daß sie einen kühnen Sprung machen mußte, um nicht über die Felsen hinabzurutschen.

Die Schwalbe aber zog triumphierend ihres Weges, und der Sultan schritt befriedigt und stolz hinter ihr her, denn er fühlte sich als sicherer Beschützer seiner Herde. Inzwischen war von oben herab Moni und von unten herauf ein anderer Geißbub auf einem nahen Platz angekommen und blickten auch erstaunt einander an. Aber sie kannten sich, und nach der ersten Überraschung begrüßten sie sich freundlich. Es war der Jörgli von Küblis, der schon den halben Morgen lang vergebens den Moni gesucht hatte und ihn nun hier oben traf, wo er ihn gar nicht mehr vermutete.

"Ich habe nicht gedacht, daß du so hoch hinaufgehen würdest mit den Geißen", sagte der Jörgli.

"Freilich gehe ich", entgegnete Moni, "aber nicht immer. Gewöhnlich bin ich bei der Felsenkanzel. Warum bist du da heraufgekommen?"

"Ich will dir einen Besuch machen", war die Antwort, "ich habe dir allerhand zu erzählen. Auch habe ich hier zwei Geißen, die bringe ich dem Wirt im Bad, er will eine kaufen, und da dachte ich, ich wollte noch zu dir hinauf."

"Sind es deine Geißen?" fragte Moni.

"Natürlich, die fremden habe ich nicht zu hüten, ich bin nicht mehr Geißbub."

Darüber mußte sich Moni sehr wundern, denn zu gleicher Zeit mit ihm war der Jörgli Geißbub von Küblis geworden, und Moni begriff nicht, daß das so aufhören konnte und der Jörgli nicht einmal jammerte.

Inzwischen waren Hirten und Geißen bei der Felsenkanzel angekommen. Moni holte Brot und ein Stückchen getrocknetes Fleisch hervor und lud den Jörgli zum Mittagessen ein. Sie setzten sich beide auf die Kanzel hinaus und ließen sich's gut schmecken. Denn es war sehr spät geworden, und sie hatten beide ausgezeichneten Appetit. Als nun alles aufgegessen und dann noch ein wenig Geißmilch getrunken worden war, legte sich der Jörgli ganz behaglich der Länge nach auf den Boden und stützte seinen Kopf auf beide Ellbogen. Moni aber war sitzen geblieben, denn er schaute immer gern von oben in das tiefe Tal hinunter.

"Was bist du denn jetzt, Jörgli, wenn du nicht mehr Geißbub bist?" fing Moni nun an, "etwas mußt du doch sein."

"Freilich bin ich etwas und etwas Rechtes", erwiderte Jörgli, "Eierbub bin ich. Jeden Tag gehe ich mit den Eiern in alle Wirtshäuser, so weit ich komme. Hier hinauf ins Badehaus komme ich auch, gestern war ich schon dort."

Moni schüttelte den Kopf: "Das ist nichts, Eierbub möchte ich nicht sein, tausendmal lieber will ich Geißbub sein, das ist viel schöner."

"Ja warum denn?"

"Die Eier sind ja nicht lebendig, mit denen kannst du kein Wort reden. Und sie laufen dir nicht nach wie die Geißen, die sich freuen, wenn du kommst und anhänglich sind und jedes Wort verstehen, das du mit ihnen redest. Du kannst keine Freude mit deinen Eiern haben wie mit den Geißen hier oben."

"Ja und du", unterbrach ihn Jörgli, "was hast du denn für große Freuden hier oben? Jetzt hast du wohl sechsmal aufstehen müssen, während wir beim Essen waren, nur wegen des dummen Geißleins, damit es nicht hinunterfällt. Ist denn das eine Freude?"

"Ja, das tue ich ganz gern. Nicht wahr, Mäggerli, komm! Komm!" Moni sprang auf und lief dem Geißlein nach, denn es machte ganz unvorsichtige Freudensprünge. Als er wieder saß, sagte Jörgli: "Es gibt auch ein anderes Mittel, die jungen Geißen zu halten, daß sie nicht über die Felsen hinabfallen und man ihnen nicht immer nachspringen muß wie du."

"Was für eins?" fragte Moni.

"Man steckt einen Stecken fest in den Boden und bindet die Geiß mit einem Bein daran. Sie zappelt dann zwar furchtbar, aber sie kann doch nicht fort."

"Du wirst doch nicht glauben, daß ich so etwas mit dem Geißlein mache", sagte der Moni ganz entrüstet. Er zog das Mäggerli zu sich und hielt es fest, als müßte er es schützen.

"Um das Geißlein mußt du dich nicht mehr lange sorgen", fing Jörgli wieder an, "das kommt nicht mehr hier herauf."

"Was? Was? Was sagst du, Jörgli?" fuhr Moni auf.

"Pah, weißt du's denn nicht? Der Wirt will es nicht aufziehen, es ist ihm zu schwach, es wird nie eine kräftige Geiß. Er hat es meinem Vater verkaufen wollen, aber der wollte es auch nicht. Nun will es der Wirt nächste Woche schlachten, und dann kauft er unseren Scheck dort."

Moni war vor Schrecken ganz weiß geworden. Erst konnte er kein Wort sagen, aber jetzt jammerte er laut und rief:

"Nein, nein, das dürfen sie nicht tun, Mäggerli, das dürfen sie nicht tun. Sie dürfen dich nicht schlachten, das kann ich nicht ertragen. Oh, ich will lieber gleich mit dir sterben. Nein, das kann ja nicht sein!"

"Tu doch nicht so", sagte Jörgli ärgerlich und zog den Moni in die Höhe, der sich in seinem Jammer mit dem Gesicht zu Boden geworfen hatte. "Steh doch auf, du weißt ja, daß das Geißlein nun einmal dem Wirt gehört und er damit machen darf, was er will. Denk doch nicht mehr dran! Komm ich weiß noch etwas: Sieh! Sieh!" Dann hielt Jörgli dem Moni die eine Hand hin, und mit der anderen deckte er den Gegenstand fast zu, den Moni bewundern sollte. Es funkelte aber ganz wunderbar aus der Hand heraus, denn die Sonne blitzte eben dort hinein.

"Was ist's?" fragte Moni, als es eben wieder aufblitzte, von einem Sonnenstrahl beleuchtet.

"Rat!"

"Ein Ring?"

"Nein, aber so etwas Ähnliches."

"Wer hat dir's gegeben?"

"Gegeben? Niemand, ich hab es selbst gefunden."

"Dann gehört es aber nicht dir, Jörgli."

"Warum nicht? Ich habe es niemand genommen, ich wäre fast mit dem Fuß darauf getreten, dann wär's doch zerbrochen. Ich kann es ebenso gut behalten."

"Wo hast du's gefunden?"

"Unten beim Badehaus, gestern abend."

"Dann hat es jemand aus dem Haus unten verloren. Du mußt es dem Wirt sagen, und wenn du's nicht tust, so tue ich's heute Abend."

"Nein, nein, Moni, tue nur das nicht", sagte Jörgli jetzt bittend, "sieh, ich will dir zeigen, was es ist. Und ich will es in einen von den Wirtshäusern an ein Zimmermädchen verkaufen, sie muß mir aber vier Franken geben, dann geb ich dir auch einen oder zwei, und dann weiß ja niemand etwas davon."

"Ich will nichts! Ich will nichts!" unterbrach ihn Moni heftig, "und der liebe Gott hat alles gehört, was du gesagt hast."

Jörgli schaute zum Himmel auf. "Ja, so weit weg", sagte er zweifelhaft. Er fing aber gleich an, leiser zu reden.

"Er hört dich doch", sagte Moni zuversichtlich.

Dem Jörgli war es nicht mehr recht wohl in seiner Haut. Wenn er nur den Moni auf seine Seite zu bringen wußte, sonst war alles verloren. Er dachte lange nach. "Moni", sagte er plötzlich, "ich will dir etwas versprechen, das dich freut, wenn du keinem Menschen etwas von dem Gefundenen sagen willst. Du brauchst ja auch nichts davon zu nehmen, dann hast du nichts damit zu tun. Wenn du das willst, so will ich dafür sorgen, daß mein Vater doch das Mäggerli kauft. Dann wird es nicht geschlachtet, willst du?"

In Moni entstand ein harter Kampf. Es war ein Unrecht, wenn er dabei half, den Fund zu verheimlichen. Jörgli hatte seine Hand aufgemacht, es lag ein Kreuz darin, mit vielen Steinen besetzt, die in allen Farben funkelten. Moni sah wohl, daß das nicht ein wertloses Ding war, nach dem niemand fragen werde. Wenn er schweigen würde, würde er etwas behalten, was ihm nicht gehörte. Aber auf der anderen Seite war das kleine, liebevolle Mäggerli, das sollte auf schreckliche Weise mit einem Messer getötet werden, und er konnte das verhindern, wenn er schweigen wollte. Eben jetzt lag das Geißlein so vertrauensvoll neben ihm, als wußte es, daß er ihm immer helfen wurde. Nein, er konnte es nicht geschehen lassen, er mußte es retten.

"Einverstanden, Jörgli", sagte er, aber ohne Freudigkeit.

"So schlag ein." Und Jörgli hielt Moni seine Hand hin, daß er hinein verspreche, denn nur so galt ein Versprechen unwiderruflich.

Jörgli war sehr froh, daß er nun seiner Sache sicher war. Da aber Moni so still geworden war und er einen viel weiteren Weg nach Hause hatte als Moni, so beschloß er, mit seinen zwei Geißen aufzubrechen. Er verabschiedete sich von Moni und pfiff den beiden Gefährten, die sich inzwischen zu den weidenden Geißen des Moni gesellt hatten. Es hatten einige bedenkliche Angriffe zwischen den beiden Parteien stattgefunden, denn die Fideriser Geißen wußten nicht, daß man mit einem Besuch artig sein muß. Und die Kübliser Geißen wußten nicht, daß man nicht gleich die besten Kräutlein aussuchen und die anderen davon wegdrücken darf, wenn man auf Besuch ist. Als nun der Jörgli ein Stück den Berg hinuntergegangen war, brach auch Moni mit seiner Schar auf, aber er war ganz still und sang keinen Ton und tat keinen Pfiff auf dem ganzen Heimweg.

4. Kapitel

Moni kann nicht mehr singen

Moni kam am folgenden Morgen genauso still und niedergeschlagen wie am Abend vorher den Weg zum Badehaus daher. Leise holte er die Geißen des Wirts heraus und stieg weiter hinauf, aber er sang keinen Ton, er schickte keinen Jodel in die Luft hinauf. Er ließ seinen Kopf hängen und machte ein Gesicht, als fürchtete er sich vor etwas. Hier und da blickte er auch scheu um sich, ob ihm nicht jemand nachkomme und ihn etwas fragen wolle.

Moni konnte gar nicht mehr lustig sein. Er wußte erst selbst nicht so recht, warum? Er wollte sich freuen, daß er das Mäggerli gerettet hatte und einmal singen, aber er brachte nichts heraus. Der Himmel war heute mit Wolken bedeckt, und Moni dachte, wenn die Sonne komme, würde er schon wieder lustiger werden.

Als er oben angekommen war, fing es ganz tüchtig zu regnen an. Er flüchtete unter den Regenfelsen, denn es goß bald in Strömen vom Himmel herunter.

Die Geißen kamen auch heran und stellten sich da und dort unter die Felsen. Die vornehme Schwarze hatte gleich ihren schönen glänzenden Pelz schonen wollen und war noch vor dem Moni unter den Felsen gekrochen. Sie saß jetzt hinter dem Moni und schaute aus dem behaglichen Winkel vergnügt in den strömenden Regen hinaus. Das Mäggerli stand vor seinem Beschützer unter dem vorragenden Felsen und rieb zärtlich sein Köpfchen an seinem Knie. Und dann schaute es erstaunt zu ihm auf, denn Moni sagte kein Wort, das war das Zicklein nicht gewohnt. Auch seine Braune scharrte zu seinen Füßen und meckerte, denn er hatte den ganzen Morgen noch nichts zu ihr gesagt. Moni saß nachdenklich da. Er hatte sich auf seinen Stecken gestützt, den er bei solchem Wetter immer zur Hand nahm, damit er an den steilen Stellen nicht ausrutschen konnte. Denn an Regentagen zog er Schuhe an. Jetzt, da Moni stundenlang unter dem Regenfelsen saß, hatte er Zeit zum Nachdenken.

Jetzt überdachte Moni, was er dem Jörgli versprochen hatte. Und es kam ihm nun nicht anders vor, als ob der Jörgli etwas genommen habe und er selbst dasselbe tue. Schließlich hatte ihm der Jörgli doch auch etwas für sein Schweigen gegeben. Er hatte etwas getan, was unrecht war, und der liebe Gott war jetzt gegen ihn, das fühlte er in seinem Herzen. Es war ihm recht, daß es dunkel war und regnete und er unter dem Felsen verborgen war. Denn er hätte doch nicht wie sonst in den blauen Himmel hinaufsehen dürfen, er fürchtete sich jetzt vor dem lieben Gott. Aber auch noch andere Dinge mußte Moni denken. Wenn nun wieder das Mäggerli über einen steilen Felsen hinunterfiele, und er wollte es holen, und der liebe Gott würde ihn nicht mehr beschützen, wenn er auch nicht mehr zu ihm beten und rufen dürfte, dann hätte er keine Sicherheit mehr. Und wenn er dann ausrutschte und mit dem Mäggerli tief über die zackigen Felsen hinunterfiele und beide ganz zerrissen und zerschmettert unten im Abgrund lägen...

O nein, sprach er ängstlich zu sich, so durfte es doch nicht kommen. Er mußte dafür sorgen, daß er wieder beten und vor den lieben Gott kommen konnte mit allem, was ihm auf dem Herzen lag. Dann konnte er auch wieder fröhlich sein, das fühlte Moni. Er wollte sich von der Last befreien, die ihn bedrückte, er wollte gehen und alles dem Wirt sagen—aber dann? Dann wurde Jörgli seinen Vater nicht überreden, und der Wirt würde das Mäggerli totstechen. O nein! Das konnte er nicht aushalten, und er sagte: "Nein, ich tue es nicht, ich sage nichts." Aber es war ihm nicht wohl dabei und sein schlechtes Gewissen wurde immer größer.

So verging dem Moni der ganze Tag. Er kehrte abends so lautlos heim, wie er morgens gekommen war. Und als unten beim Badehaus Paula stand und schnell zum Geißenstall herübersprang und teilnehmend fragte: "Moni, was fehlt dir? Warum singst du denn gar nicht mehr?"—da wandte er sich scheu ab und sagte: "Ich kann nicht." Und so schnell wie möglich machte er sich mit seinen Geißen davon.

Paula sagte oben zu ihrer Tante: "Wenn ich doch nur wußte, was der Geißbub hat, er ist ja ganz verändert, man kennt ihn gar nicht mehr. Wenn er doch nur wieder sänge."

"Es wird der schreckliche Regen sein, der den Buben so verstimmt", meinte die Tante.

"Nun kommt auch alles zusammen. Wir wollen doch heimgehen, Tante", bat Paula, "das Vergnügen hier ist aus. Erst verliere ich mein schönes Kreuz, und es ist nicht mehr zu finden. Dann kommt dieser endlose Regen, und nun kann man nicht einmal mehr den lustigen Geißbuben zuhören. Wir wollen fort."

"Die Kur muß zu Ende gemacht werden, da kann ich dir nicht helfen", erklärte die Tante.

Dunkel und grau war es auch am folgenden Morgen, und der Regen strömte unausgesetzt nieder. Moni brachte seinen Tag ebenso zu wie den vorhergegangenen. Er saß unter dem Felsen, und seine Gedanken gingen ruhelos immer im Kreise herum. Immer wenn er zu sich sagte: "Jetzt will ich gehen und das Unrecht gestehen, damit ich wieder zum lieben Gott aufsehen darf", da sah er wieder das Zicklein unter dem Messer vor sich. Er dachte nach, und sein schlechtes Gewissen plagte ihn so sehr, daß er am Abend ganz müde war und im strömenden Regen heimschlich, als merkte er nichts davon.

Beim Badehaus stand der Wirt in der Hintertür und fuhr den Moni an: "Komm einmal mit den Geißen her, sie sind naß genug! Was kriechst du auch wie eine Schnecke den Berg hinunter! Ich wundere mich schon die ganze Zeit über dich."

So unfreundlich war der Wirt noch nie gewesen, im Gegenteil, immer hatte er dem fröhlichen Geißbuben die freundlichsten Worte zugerufen. Aber Monis verändertes Wesen gefiel ihm nicht, und dazu war er noch schlechter Laune, denn Fräulein Paula hatte ihm ihren Verlust geklagt. Sie hatte behauptet, das kostbare Kreuz könne nur im Haus oder unmittelbar vor der Haustür verloren gegangen sein. Denn sie sei an jenem Tag nur herausgegangen, um abends den heimkehrenden Geißbuben singen zu hören. Daß man aber sagen sollte, es könne in seinem Haus ein so wertvolles Ding verloren gehen, ohne daß man es wieder erhalte, machte ihn sehr böse. Er hatte auch am Tag vorher das ganze Dienstpersonal versammelt, es verhört und bedroht und endlich dem Finder eine Belohnung ausgesetzt. Das ganze Haus war in Aufruhr über den verlorenen Schmuck.

Als Moni mit seinen Geißen an der Vorderseite des Hauses vorbeiging, stand Paula dort. Sie hatte auf ihn gewartet, es wunderte sie so sehr, ob er immer noch nicht wieder singen könne und lustig sei. Als er nun vorbeischlich, rief sie: "Moni! Moni! Bist du denn auch derselbe Geißbub, der vom Morgen bis zum Abend sang:

"'Und so blau ist der Himmel,
Und ich freu mich fast zu Tod'?"

Moni hörte die Worte, er gab keine Antwort, aber sie machten einen großen Eindruck auf ihn.

Oh, wie war's doch so anders, als er den ganzen Tag singen konnte und er so fröhlich war wie seine Lieder. Oh, wenn es doch wieder so sein könnte!

Wieder zog Moni zu seiner Anhöhe hinauf, still und freudlos und ohne Gesang. Der Regen hatte nun aufgehört, aber düster hingen ringsum die Nebel an den Bergen, und der Himmel war noch voll dunkler Wolken. Moni setzte sich wieder unter den Felsen und kämpfte mit seinen Gedanken. Gegen Mittag fing der Himmel an, sich aufzuklären, es wurde heller und heller. Moni kam aus seiner Höhle hervor und schaute umher. Die Geißen sprangen wieder lustig hin und her, auch das Zicklein war ganz übermütig vor Freuden über die wiederkehrende Sonne und machte die fröhlichsten Sprünge.

Moni stand draußen auf der Kanzel und sah, wie es immer schöner und heller wurde unten im Tal und oben über dem Berge. Jetzt teilten sich die Wolken und der lichtblaue Himmel schaute so lieblich und freundlich herunter. Es war Moni, als schaue der liebe Gott aus dem lichten Blau zu ihm nieder. Und auf einmal war es in seinem Herzen ganz klar, was er tun mußte, er konnte das Unrecht nicht mehr mit sich herumfragen. Er mußte es ablegen. Jetzt ergriff Moni das Zicklein, das neben ihm umhersprang, nahm es in seinen Arm und sagte mit Zärtlichkeit: "O Mäggerli, du armes Mäggerli! Ich habe gewiß getan, was ich konnte, aber es ist ein Unrecht, und das darf man nicht tun. Oh, wenn du nur nicht sterben müßtest, ich kann es nicht aushalten!" Und nun fing Moni so sehr zu weinen an, daß er nicht mehr weiter reden konnte. Und das Zicklein meckerte wehmütig und kroch tief unter seinen Arm, als wollte es sich ganz bei ihm verstecken und in Sicherheit bringen. Jetzt hob Moni das Geißlein auf seine Schultern.

"Komm, Mäggerli, ich trage dich noch einmal heim heute, vielleicht kann ich dich bald nicht mehr tragen."

Als er mit seinen Geißen unten beim Badehaus war, wartete Paula schon auf ihn. Moni stellte das Junge mit der Schwarzen in den Stall hinein, und anstatt weiter zu ziehen, wollte er an dem Fräulein vorbei ins Haus gehen. Sie hielt ihn an.

"Immer noch ohne Gesang, Moni?"

"Ich muß etwas anzeigen", erwiderte Moni.

"Anzeigen? Was denn? Darf ich's nicht wissen?"

"Ich muß zum Wirt, es ist etwas gefunden worden."

"Gefunden? Was denn? Ich habe auch etwas verloren, ein schönes Kreuz."

"Ja, das ist es gerade."

"Was sagst du?" rief Paula in höchster Überraschung. "Ist es ein Kreuz mit funkelnden Steinen?"

"Ja."

"Wo hast du's denn, Moni? Gib's doch her, hast du's gefunden?"

"Nein, der Jörgli von Küblis."

Nun wollte Paula wissen, wer das sei, und wo er wohne, und auf der Stelle jemand nach Küblis hinunterschicken, das Kreuz zu holen.

"Ich will schon gehen, und wenn er's noch hat, will ich's bringen" sagte Moni.

"Wenn er's noch hat?" rief Paula, "warum sollte er's nicht mehr haben? Und woher weißt du denn von allem, Moni? Wann hat er's gefunden, und wie hast du's denn erfahren?"

Moni schaute zu Boden. Er durfte nicht sagen, wie alles zugegangen war, und wie er geholfen hatte, den Fund zu verheimlichen, bis er es nicht mehr hatte ertragen können.

Aber Paula war sehr gut zu Moni. Sie nahm ihn auf die Seite, setzte sich auf einen Baumstamm zu ihm hin und sagte mit der größten Freundlichkeit: "Komm, erzähl mir alles, wie es gegangen ist, Moni, ich möchte so gern alles von dir wissen."

Nun faßte der Moni Zutrauen und fing an und erzählte die ganze Sache. Er berichtete auch, daß er sich um das Leben von Mäggerli Sorgen gemacht habe und wie er so alle Freude verloren hatte und nicht mehr zum lieben Gott aufschauen durfte. Heute, sagte er, konnte er es nicht mehr länger ertragen.

Jetzt redete Paula sehr freundlich mit ihm und meinte, er hätte nur gleich kommen und alles anzeigen sollen. Und es sei recht, daß er ihr jetzt alles so aufrichtig gesagt habe, er solle es nicht bereuen. Dann sagte sie, dem Jörgli könne er zehn Franken versprechen, wenn sie das Kreuz wieder in Händen habe.

"Zehn Franken?" wiederholte Moni voller Erstaunen. Denn er wußte ja, daß Jörgli es hatte verkaufen wollen. Jetzt stand Moni auf und sagte, er wollte noch heute nach Küblis hinunter, und wenn er das Kreuz bekäme, es gleich morgen früh mitbringen. Nun lief er davon und konnte wieder ganz große Sprünge machen, er hatte wieder ein viel leichteres Herz, das schlechte Gewissen belastete ihn nicht mehr.

Daheim stellte er nur seine Geiß in den Stall, sagte der Großmutter, er habe noch einen Auftrag auszurichten und rannte gleich nach Küblis hinunter. Er fand den Jörgli daheim und sagte ihm, was er getan hatte. Der war erst sehr aufgebracht, aber als er nun erfuhr, daß alles bekannt sei, zog er das Kreuz heraus und fragte: "Gibt sie mir auch etwas dafür?"

"Ja, jetzt kannst du sehen, Jörgli", sagte Moni entrüstet, "auf dem ehrlichen Weg hättest du gleich zehn Franken bekommen und auf deinem Lügenweg doch nur vier."

Jörgli war sehr überrascht. Jetzt reute es ihn, daß er nicht gleich mit dem Kreuz ins Badehaus gegangen war, nachdem er es vor der Tür aufgelesen hatte. Denn er hatte doch nun kein gutes Gewissen und hätte es anders haben können. Aber jetzt war's zu spät. Er übergab das Kreuz dem Moni, und dieser eilte damit heim, es war draußen schon dunkel geworden.

5. Kapitel

Moni singt wieder

Paula hatte angeordnet, daß man sie am frühen Morgen wecken sollte. Wenn der Geißbub käme, wollte sie selbst mit ihm verhandeln. Am Abend hatte sie noch eine lange Unterredung mit dem Wirt gehabt und war dann sehr befriedigt aus seiner Stube herausgekommen. Sie mußte etwas Erfreuliches mit ihm ausgemacht haben.

Als der Geißbub am Morgen mit seiner Herde herankam, stand Paula schon vor dem Haus und rief: "Moni, kannst du denn immer noch nicht singen?"

Er schüttelte den Kopf: "Nein, ich kann's nicht, ich muß jetzt immer an das Mäggerli denken, wie lange es noch mit mir geht. Ich kann nicht mehr singen, solange ich lebe, und hier ist das Kreuz." Damit übergab er ein kleines Päckchen, denn die Großmutter hatte es ihm sorgfältig in drei oder vier Papiere gewickelt.

Paula schälte das Kreuz aus den Hüllen heraus und betrachtete es genau. Es war wirklich ihr schönes Kreuz mit den funkelnden Steinen und völlig unversehrt.

"So, Moni", sagte sie nun freundlich, "du hast mir eine große Freude gemacht, denn ohne dich hätte ich wohl mein Kreuz nie mehr gesehen. Nun will ich dir auch eine Freude machen. Geh, hol das Mäggerli dort aus dem Stall, es gehört jetzt dir!"

Moni starrte das Fräulein mit einem Erstaunen an, als sei es unmöglich, ihre Worte zu verstehen. Endlich stotterte er: "Aber wie—wie könnte das Mäggerli mein sein?"

"Wie?" wiederholte Paula lächelnd, "sieh, gestern abend hab ich es dem Wirt abgekauft und heute morgen schenke ich es dir. Kannst du jetzt wieder singen?"

"Oh!" stieß Moni hervor und rannte wie ein Unsinniger auf den Stall zu, zog das Geißlein heraus und nahm es auf den Arm. Dann kam er zurückgesprungen und streckte dem Fräulein seine Hand entgegen und sagte immer wieder: "Ich danke tausendmal! Vergelt's Gott! Und wenn ich Ihnen nur einen Gefallen tun könnte!"

"Dann sing mir dein Lied", sagte Paula.

Da stimmte Moni sein Lied an und zog nun den Berg hinauf mit den Geißen, und seine Jubeltöne schmetterten so ins Tal hinab, daß im ganzen Badehaus keiner war, der sie nicht hörte. Und mancher drehte sich auf seinem Kissen um und sagte: "Der Geißbub hat wieder gute Laune." Es freute aber alle, daß er wieder sang, denn sie hatten sich alle an den fröhlichen Wecker gewöhnt, die einen zum Aufstehen, die anderen zum Weiterschlafen. Als Moni oben von der ersten Höhe das Fräulein immer noch unten vor dem Haus stehen sah, trat er extra weit hinaus und sang hinunter, so laut er konnte:

"Und so blau ist der Himmel,
Und ich freu mich fast zu Tod!"

Den ganzen Tag über sang der Moni und alle Geißen wurden angesteckt von seiner Fröhlichkeit und hüpften und sprangen umher. Es war, als ob ein großes Fest gefeiert würde. Die Sonne schien fröhlich vom blauen Himmel herunter. Und nach dem großen Regen waren auch alle Kräutlein frisch und die gelben und roten Blümlein glänzten. Moni glaubte, Berg und Tal und die ganze Welt noch nie so schön gesehen zu haben. Sein Zicklein ließ er den ganzen Tag nicht aus den Augen. Er zog ihm die besten Kräutlein aus und fütterte es und sagte immer wieder: "Mäggerli, du gutes Mäggerli, du mußt nicht sterben, du bist jetzt mein und kommst mit mir auf die Weide hinauf, solange wir leben." Und mit schallendem Singen und Jodeln kam Moni auch am Abend wieder hinunter. Nachdem er die Schwarze zu ihrem Stall geführt hatte, nahm er das Zicklein auf den Arm, es kam ja nun mit ihm nach Haus. Das Mäggerli machte auch gar keine Anstalten, als wollte es lieber dableiben, sondern schmiegte sich an den Moni. Bei ihm fühlte es sich geborgen, denn Moni hatte es ja schon lange besser und zärtlicher behandelt als die eigene Mutter.

Als aber Moni zu der Großmutter kam, sein Mäggerli auf der Schulter, da wußte diese gar nicht, was geschehen war. Denn Monis Rufen: "Es gehört mir, Großmutter, es gehört mir!" erklärte ihr die Sache noch lange nicht. Aber Moni konnte noch nicht erzählen. Erst lief er zu dem Stall und dort, hart neben der Braunen, damit es sich nicht fürchte, machte er dem Mäggerli ein schönes, weiches Lager aus frischem Stroh. Er legte es darauf und sagte: "So Mäggerli, nun schlaf gut in der neuen Heimat. So sollst du's immer haben, alle Tage mache ich dir ein neues Bettlein."

Erst jetzt kam Moni zu der verwunderten Großmutter zurück, und wie sie nun zusammen bei ihrem Abendessen saßen, erzählte er ihr die ganze Geschichte von Anfang an. Er berichtete von seinen drei kummervollen Tagen und dem heutigen beglückenden Schluß. Die Großmutter hörte ganz still und aufmerksam zu, und als er zu Ende war, sagte sie ernsthaft: "Moni, wie es dir jetzt gegangen ist, daran sollst du immer denken. Während du dir Sorgen um das Geißlein machtest, hatte der liebe Gott ihm schon lange geholfen und dir zur Freude einen Weg gefunden. Er hat dir geholfen, weil du dein Unrecht eingesehen hast. Hättest du sofort recht getan und auf Gott vertraut, so wäre gleich alles gut gegangen. Jetzt hat der liebe Gott dir so sehr geholfen, daß du es dein Leben lang nicht vergessen darfst."

"Nein, ich will es auch nie vergessen", sagte Moni mit eifriger Zustimmung, "und gewiß immer gleich denken: Ich muß nur tun, was vor dem lieben Gott recht ist, das andere bringt er schon in Ordnung."

Bevor aber Moni sich schlafen legen konnte, mußte er noch einmal in den Stall und sein Geißlein anschauen, ob es auch wirklich möglich sei, daß es draußen liege und ihm gehöre.

Der Jörgli bekam seine zehn Franken, aber so leicht sollte er denn doch nicht von der Sache loskommen.

Als er wieder ins Badehaus kam, wurde er vor den Wirt geführt. Er nahm den Buben beim Kragen, schüttelte ihn tüchtig und sagte bedrohlich: "Jörgli! Jörgli! Versuch du kein zweitesmal mehr, mein ganzes Haus in Mißkredit zu bringen! Kommt noch ein einziges Mal so etwas vor, so kommst du auf eine Art aus meinem Haus hinaus, die dir nicht gefällt! Sieh, dort oben steckt ein ganz kräftiges Weidenrütchen für solche Fälle. Jetzt geh und denk dran!"

Aber noch eine Folge hatte der Vorgang für den Buben: Wenn von nun an irgend etwas im Badehaus verloren gegangen war, rief die ganze Dienerschaft sofort: "Das hat der Jörgli von Küblis!" Und kam dieser nachher ins Haus, so drangen sie alle miteinander auf ihn ein und riefen: "Gib's her, Jörgli! Gib's heraus!" Und wie sehr er auch versicherte, er habe nichts und wisse nichts, sie schrien ihn alle an: "Dich kennt man schon! Uns betrügst du nicht!"

So hatte der Jörgli immer die bedrohlichsten Angriffe zu bestehen und hatte fast keinen ruhigen Augenblick mehr. Denn wenn er jetzt nur jemand auf sich zukommen sah, so glaubte er schon, der komme, um ihn zu fragen: "Hast du nicht dies oder das gefunden?" So war es dem Jörgli nie mehr recht wohl zumut, und hundertmal dachte er: "Hätte ich doch jenes Kreuz auf der Stelle zurückgegeben, in meinem ganzen Leben behalte ich nichts mehr, das mir nicht gehört."

Der Moni aber hörte den ganzen Sommer nicht auf zu singen und zu jodeln, denn er fühlte sich so wohl da oben bei seinen Geißen, wie kaum ein anderer Mensch auf der Welt. Aber oft, wenn er so in seiner Zufriedenheit ausgestreckt auf der Felsenkanzel lag und in das sonnige Tal hinabschaute, mußte er daran denken, wie er damals mit seinem schlechten Gewissen unter dem Regenfelsen saß. Und er sagte jedesmal laut vor sich hin: "Ich weiß schon, wie ich's mache, daß es nie mehr so kommt. Ich tue nichts mehr, wenn ich dabei nicht fröhlich in den Himmel aufsehen kann, weil es dem lieben Gott so recht ist."

Geschah es aber, daß der Moni sich zu lange in seine Betrachtungen vertiefte, so kam die eine oder die andere der Geißen heran. Sie schaute verwundert nach ihm aus und versuchte ihn zur Gesellschaft zurückzumeckern, was er aber manchmal ziemlich lange nicht hörte. Nur wenn sein Mäggerli kam und mit Verlangen nach ihm rief, dann hörte er es gleich. Er lief ihm auch sofort entgegen, denn sein anhängliches Geißlein war und blieb Monis liebstes Gut.

9 789356 903784

Printed at Repro India Ltd.